東急田園都市線が開業した時代の各駅記録

山田 亮、生田 誠

1966（昭和41）年4月1日に田園都市線の溝の口〜長津田間が開通した。開通当日に大井町〜長津田間に運転された7000系4両の祝賀電車。1962（昭和37）年に東横線に登場した7000系は、1964年から地下鉄日比谷線直通にも使用され、1965年4月から田園都市線にも進出した。◎自由が丘　1966（昭和41）年4月1日　撮影：荻原二郎

本書の解説で駅名は原則、撮影時の駅名で表記してあります。
二子玉川園→現在：二子玉川　2000（平成12）年8月6日改称
二子新地前→現在：二子新地　1977（昭和52）年12月16日改称
溝ノ口→現在：溝の口　1966（昭和41）年1月20日改称
南町田→現在：南町田グランベリーパーク　2019（令和元）年10月1日改称

東京オリンピックが開催されていた1964（昭和39）年10月、田園都市線の延伸工事が行われていた頃の溝ノ口（現・溝の口）駅の構内（ホーム）風景である。地上ホームで電車を待つ人々が見える上には、新しい高架ホームが姿を現わしつつあった。溝の口駅が高架化されるのは1966（昭和41）年1月で、4月に長津田駅までの延伸が実現する。
◎1964（昭和39）年10月11日　撮影：荻原二郎

はじめに

　東京の渋谷から神奈川県大和市の中央林間まで約31キロを結ぶ東急田園都市線は、歴史の異なるさまざまな鉄道路線を繋ぎ合わせた、100年を超える長い歴史を有する私鉄路線である。現在では、沿線の各地に多くの人が憧れる住宅地がならぶ人気路線となっている。

　そのルーツをさかのぼれば、東京市電とほぼ同じ時期の1907（明治40）年に開業した玉川電気鉄道（後の東急玉川線＝玉電）で、当初は渋谷と玉川（現・二子玉川）間を結ぶ路面電車だった。長く多摩川を渡ることがなかった玉川電車だが、1927（昭和2）年に念願だった玉川～溝ノ口（現・溝の口）間の延伸を果たす。これが溝ノ口線であり、後に改軌されて大井町線の一部となっていた。大井町線は1963（昭和38）年10月、溝ノ口～長津田間の延伸工事が始まったことで、名称を田園都市線に改める。そして1966（昭和41）年4月には、溝の口～長津田間の延伸区間が開通し、つくし野、すずかけ台、つきみ野駅まで順次、路線を延ばしていった。

　この間、旧玉川線が走っていた現在の世田谷区は、東京近郊の住宅地として著しい発展を遂げてゆく。戦後のモータリゼーションの波の中、道路上を走る軌道線では増加した通勤・通学客をする輸送することはできず、新たな鉄道路線が必要になった。そこで計画されたのが渋谷～二子玉川間の地下を走る新玉川線で、1969（昭和44）年5月に廃止された玉川線に変わる形で、1977（昭和52）年4月に開通する。やがて田園都市線は1984（昭和59）年4月につきみ野～中央林間間が開通し、2000（平成12）年8月、新玉川線と田園都市線が統合されて、現在のような一本の路線となった。

　本書では、そのような田園都市線が多摩川より先の区間へ路線を延ばしていた、昭和40年代の写真を中心に、渋谷～中央林間間の懐かしい沿線風景、駅の様子などを紹介する。この本がより多くの人の目に止まることを願いたい。

2021（令和3）年4月　　生田 誠

二子橋を渡るデハ3450形単行（1両）の二子玉川園～溝ノ口間折返し電車。正面窓が開かれ子どもたちが前を見ていて、歓声が聞こえてくるようである。デハ3450形は運転室が片側だけにあり、反対側は前面まで座席があり、前面の展望が楽しめた。
◎二子玉川園～二子新地前　1954（昭和29）年9月23日　撮影：荻原二郎

1章
カラーフィルムで記録された
田園都市線

鉄道専用橋として新たに建設された二子橋を渡る旧型車3000系の４両編成。先頭はデハ3450形を片運転台化した車両。東急旧型車のグリーン塗装への塗り替えは1966（昭和41）年に始まり、1968年に完了した。３〜４両目はオレンジと濃紺の旧塗装のままだ。◎二子玉川園　1967（昭和42）年４月８日　撮影：荻原二郎

地上駅舎時代の二子玉川園駅の構内で、広い構内のホーム間を結ぶ構内踏切を渡る親子の姿がある。手前が溝の口側で、奥が
渋谷方面になる。左に見える5番ホームは砧線の乗り場、隣の4番ホームは玉川線の乗り場である。右側には、渋谷〜二子玉
川園を結んでいた玉川線のデハ80形（83）が見える。◎1965（昭和40）年5月2日　撮影：矢崎康雄

二子橋を単線の併用軌道で渡るクハ3750形先頭の旧型車3両編成の溝ノ口行。塗装はオレンジと濃紺の旧塗装で1966（昭和41）年から緑の新塗装への塗り替えが始まり1968年頃に完了した。この旧塗装は小田急の旧塗装と同様の二色だが、上部は黄色ではなく黄土色だった。◎二子玉川園〜二子新地前　1965（昭和40）年5月2日　撮影：矢崎康雄

併用軌道で多摩川の二子橋を渡ってきた溝ノ口行6000系（初代）デハ6008を先頭とする編成。沿線開発で増収を図る東急電
鉄は大井町線を田園都市線に名前を変え、旧型ばかりだったこの線に6000系，7000系を一部転属させイメージアップした。
6000系(初代)は昭和35年に登場、1台車1モータ、一部の編成には複巻モータを採用、電力回生ブレーキ、空気バネなど新機構
が導入された。◎二子玉川園〜二子新地前　1965（昭和40）年5月2日　撮影：矢崎康雄

二子橋を国道246号上の併用軌道で渡り、二子玉川園に到着する上り大井町行の7000系。電車の左側に二子玉川園駅舎が見え、反対車線のクルマが電車の通過を待っている。左のクルマはクラウン、右のクルマはトヨエース（いずれもトヨタ）で、右の電器店の看板とともに1960年代の雰囲気が漂う。◎二子玉川園　1965（昭和40）年5月2日　撮影：矢崎康雄

ステンレスカー5200系の溝ノ口行。二子新地前は地上駅だが、二子橋鉄道橋建設に伴う高架化工事の準備が始まっている。
5200系は1958（昭和33）年に登場したわが国初のステンレスカーで、性能的には5000系とほぼ同じだった。
◎二子新地前　1965（昭和40）年5月2日　撮影：矢崎康雄

高架化工事が始まる直前の二子新地
前に到着する旧塗装の旧型車３両編
成上り大井町行。最後部はクハ3750
形。高架化の準備が始まり、ホームは
仮ホームになっている。
◎二子新地前
1965（昭和40）年５月２日
撮影：矢崎康雄

1964（昭和39）年２月に行われた、新玉川線の起工式の会場風景である。両側にテントが張られて、祝賀ゲートが設けられた会場には、背広姿の関係者が集まっている。新玉川線の渋谷～二子玉川園間は、この13年後の1977（昭和52）年４月に開通する。
◎用賀　1964（昭和39）年２月26日
撮影：荻原二郎

掘割の中にホームが設けられることになった鷺沼駅周辺では、開削工法によるトンネル工事が行われていた。宮前平駅に至る急な勾配の上り線側には東急の長津田検車区鷺沼車庫、下り線側には東京メトロの鷺沼検車区が置かれることになり、現在まで東急、東京メトロの車両が利用している。
◎鷺沼付近　1964（昭和39）年６月７日
撮影：日暮昭彦

2章
モノクロフィルムで記録された
田園都市線

1963（昭和38）年10月、有馬地区で田園都市線の延長線着工の起工式が行われた。丘陵地帯の一角に大きなテントが張られて、多くの関係者が風船のようなものを手にして集まっている。この有馬地区は川崎市宮前区有馬1〜9丁目にあたるが、田園都市線の延伸開発、よって鷺沼地区が分離されている。◎鷺沼付近　1963（昭和38）年10月11日　撮影：荻原二郎

東横百貨店（後の東急百貨店
東横店）西館２階にあった玉
川線渋谷駅にデハ80形が並
んでいる。廃止翌年の1970
（昭和45）年からこの場所に
バスターミナルができ、東名
急行バス（渋谷〜名古屋間）
が発着した。
◎渋谷
1969（昭和44）年１月26日
撮影：田尻弘行

1977（昭和52）年４月、新玉川線が開業して、渋谷の街に新しい地下駅が誕生した。これは始発駅となった渋谷駅で、二子玉川園行きの祝賀列車の写真を撮影しようとする多くの鉄道ファンがシャッターを切る風景である。この翌年（1978年）８月には、営団（現・東京メトロ）半蔵門線の渋谷〜青山一丁目間が開通し、新玉川線と直通運転が行われるようになる。
◎1977（昭和52）年４月７日　撮影：朝日新聞社

渋谷の街は独特の地形で、戦前から地下鉄（現・銀座線）の駅があったが、都心からやってくるこの路線の駅は高架ホームを利用していた。1977（昭和52）年4月、新玉川（現・田園都市）線が開通したことで、ようやく地下駅が誕生することになる。これはその地下駅の地上出入口付近で、フルーツの西村といったビル群を背景にして、渋谷の新しい風景を演出していた。
◎1977（昭和52）年4月　撮影：山田虎雄

新玉川線は1977（昭和52）年4月7日に渋谷〜二子玉川園間が開通。車両は8500系6両で線内での折返し運転だった。渋谷駅は1面2線の中間駅で朝ラッシュ時のホームは大変な混雑だが、これ以上拡張する余地がない。
◎渋谷　1977（昭和52）年4月　撮影：山田虎雄

玉川通りを走るデハ200形（203）、1955（昭和30）年にデビューする前年、試運転時の姿である。独特なスタイルから「ぺこちゃん」の愛称で親しまれた車両で、1969（昭和44）年の東急玉川線（玉電）廃止まで走り続けた。東急玉川線時代には、このあたりに「上通（かみどおり）」電停が置かれており、渋谷付近を走る路面電車としての撮影スポットになっていた。
◎1954（昭和29）年7月　撮影：竹中泰彦

渋谷駅に向かって道を急ぐデハ40形
(48)。1925 (大正14) 年、下高井戸
〜三軒茶屋間の開通に合わせて建造
された木造ボギー車で、当初は36号
形だったが、東急発足によりデハ20形
と改番された。ボンネットバスが見え
る1960 (昭和35) 年の風景であり、玉
川通り (国道246号) には自家用車の
数が増加していた。
◎1960 (昭和35) 年5月5日
撮影：小川峯生

自動車、バスがひしめき合う中で、乗客を乗せている二子玉川園行きの玉電、デハ40形（47）である。首都高速3号渋谷線の渋谷〜用賀間の工事は、1968（昭和43）年に着工されるが、その前には歩道のない狭い道路の上を東急玉川線（玉電）が走っていた。行き先の二子玉川には、1985（昭和60）年まで東急グループの遊園地が存在していた。
◎1961（昭和36）年12月24日　撮影：荻原二郎

玉川通り（国道246号）と世田谷通り（都道3号）が分岐する、三軒茶屋交差点付近を走るデハ70形（76）で、これから二子玉川園駅に向かうところである。車両の背景には、玉川ホテル、三茶書房（古書店）、日本相互銀行など、現在は姿を消した店舗の看板も見える。日本相互銀行は、太陽銀行、太陽神戸銀行などを経て、現在は三井住友銀行となっている。
◎1962（昭和37）年2月　撮影：小川峯生

三軒茶屋付近の玉川通り（国道246号）を走るデハ150形（151）で、背景に富士銀行、三井銀行の支店が見える。世田谷の中心地である三軒茶屋駅付近には、都市銀行の支店が多く集まっていたが、統合・廃止されて姿を消したものもある。富士銀行の世田谷支店はみずほ銀行の世田谷支店に変わったが、三井（現・三井住友）銀行の世田谷支店は移転している。
◎1969（昭和44）年4月　撮影：田尻弘行

新玉川線の渋谷〜二子玉川間が開通した1977（昭和52）年4月、三軒茶屋駅付近の風景で、地下駅として開業した三軒茶屋駅の地上出入り口と、開業を祝う立て看板が見える。玉川通り（国号246号）の上には、1971（昭和46）年に首都高速3号渋谷線が開通しており、この駅周辺の風景はこれから先も大きく変化することになる。◎1977（昭和52）年4月17日　撮影：荻原二郎

オリンピック道路の放射4号線（玉川通り、国道246号）の建設に伴い、世田谷通りが分岐する三軒茶屋周辺の街は大きく変わる。三軒茶屋交差点周辺では、道路建設のための家屋の立ち退きが最後まで遅れることとなった。東急玉川線は、ここで本線と世田谷線に分かれていたが、やがて玉川線本線は姿を消して、世田谷線だけが残ることになる。
◎1964（昭和39）年　撮影：朝日新聞社

駒沢電停付近を走る東急玉川線（玉電）のデハ70形（71）で、左側には駒沢の駅舎（待合所）が見える。玉川線時代には、この駒沢電停で折り返しを行う電車が存在しており、小さな駅舎も存在した。その後、新玉川線、田園都市線と変わった現在、駒沢大学駅が存在しているが、その所在地はこの電停ではなく、旧真中電停とほぼ同じ場所である。
◎1961（昭和36）年12月25日　撮影：荻原二郎

桜新町付近を走る近代的な欧風デザインのデハ80形（92）、1両編成の二子玉川園行きである。現在は田園都市線の桜新町駅が置かれている桜新町の街は、サザエさん通り、長谷川町子美術館・記念館があることで全国的に有名になっている。アニメ「サザエさん」の作者である長谷川町子は、九州から上京し、一家でこの街で暮らしていた。
◎1961（昭和36）年12月25日　撮影：荻原二郎

東急玉川線は、この用賀電停（駅）付近では専用軌道を走っていた。ここには相対式2面のホームも設置されており、引き込み線もあって、郊外電車のアットホームな雰囲気を漂わせていた。走っている車両は、独特のスタイルをもつデハ200形（201）である。用賀付近にあった専用軌道の跡地は、この地のメインストリートとなり、駅周囲の風景は見違えるものとなっている。
◎1968（昭和43）年10月27日　撮影：井口悦男

楽しそうな子どもたちがやってきたのは、東急玉川線の二子玉川園駅。ここには東急グループの遊園地、二子玉川園があり、夏にはプールも開設されていた。ホームに停車しているのは、デハ80形（91）の渋谷行きとプール電車のデハ200形（203）。プール電車は、200形の登場をPRする意味もあり、「プールゆき」のかわいいヘッドマークを付けていた。
◎1954（昭和29）年8月　撮影：竹中泰彦

玉川高島屋S・Cが進出し、世田谷区の中でも人々が憧れる人気の街、お洒落タウンとなっている二子玉川。その玄関口である
二子玉川駅も、半世紀以上前（1965年）にはこんな簡素な駅舎だった。駅の開業は玉川電気鉄道（玉電）時代の1907（明治40）
年4月で、開業時の駅名は「玉川」、この当時は「二子玉川園」を名乗っていた。
◎1965（昭和40）年3月16日　撮影：朝日新聞社

「祝田園都市線開通 溝の口〜長津田」の文字があるモニュメントが見える、二子玉川園駅の駅前風景で、まだ駅前の地面は舗装されていなかった。高架ホームの上には、東急の7000系の車両が止まっている。この7000系は日本初のオールステンレス車両で、日比谷線、田園都市線で長く活躍した。◎二子玉川園 1966(昭和41)年4月 撮影：山田虎雄

東急二子玉川園駅

田園都市線（溝の口 ↔ 長津田）開通
溝の口 梶が谷 宮崎台 宮前平 鷺沼 プラーザ 江田 市が尾 藤が丘 青葉台 田奈 長津田

「祝田園都市線開通」(溝の口〜長津田間)のモニュメントが見える二子玉川の街の風景である。手前に見える単線は途中で切れており、田園都市線の延伸・高架化に伴い、溝の口駅まで続いていた地上線は廃止された。この後も玉川線(渋谷〜二子玉川間など)は運行されていたが、1969(昭和44)年5月、世田谷線の路線を残して廃止される。
◎1966(昭和41)年4月9日　撮影:荻原二郎

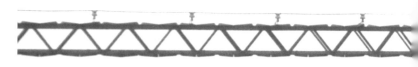

多摩川を渡る5000系大井町行。5000
系（初代）は1954（昭和29）年に登場し
た名車。モノコック、張殻構造の軽量車
体、直角カルダン駆動、発電ブレーキな
ど画期的な車両でそのスタイルから「青
ガエル」というニックネームがついた。
当初は東横線に投入されたが田園都市線
に移り、3M1Tの４両で活躍している姿。
◎二子玉川園
1967（昭和42）年７月26日
撮影：荻原二郎

高架駅になった二子玉川園駅の4番ホームに、大井町～溝ノ口間を結ぶ列車が停車している。この東急6000系（初代）のステンレス車は、1960（昭和35）年に東横線に投入された後、1964（昭和39）年からは田園都市線に転属して活躍した。田園都市線はこの後、1966（昭和41）年4月1日に長津田駅まで延伸することとなる。
◎1966（昭和41）年3月19日
撮影：荻原二郎

国道246号（旧道）の二子橋を単線併用軌道で渡るデハ3450形先頭の３両編成。この区間は1927（昭和２）年７月に玉川電気鉄道（玉電）が溝ノ口まで開通し、戦時中の1943（昭和18）年７月、軍需工場への工員輸送のため改軌（1372㎜→1067㎜）されて大井町線が溝ノ口まで延長された。◎二子玉川園〜二子新地前　1965（昭和40）年11月27日　撮影：荻原二郎

41

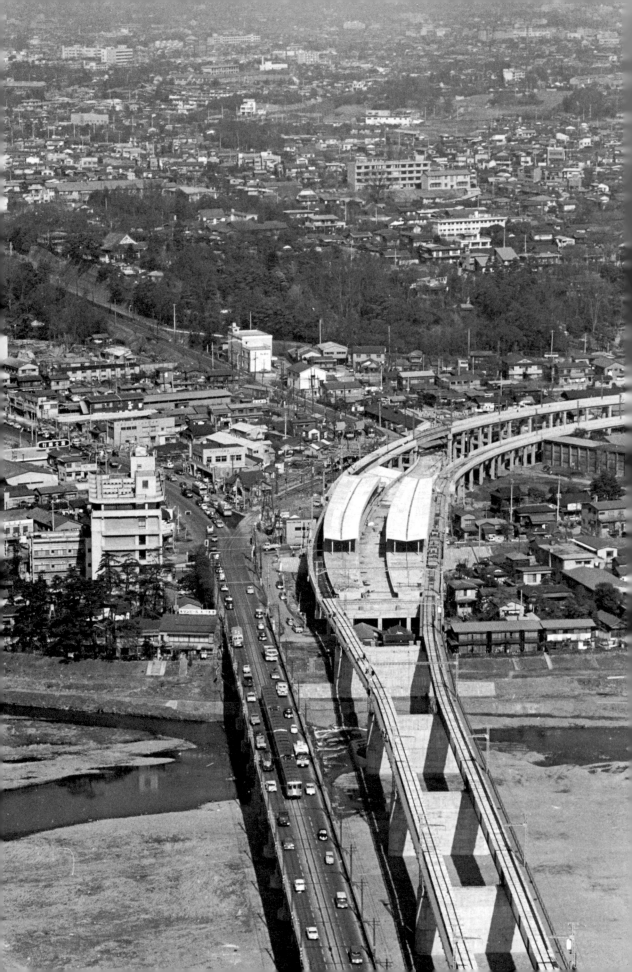

地上駅だった二子玉川園を発車する7000系の溝の口行。右側に木造の旧駅舎が見え、さらに右に玉川線（玉電）のホームがあったが、軌間（ゲージ）が違うため線路はつながっていなかった。左側には高架線が建設中で、3月19日初電から新高架駅が営業開始した。2000（平成12）年8月に二子玉川園は二子玉川に改称し、溝ノ口は1996（昭和41）年に溝の口に改称した。
◎二子玉川園　1966（昭和41）年2月16日　撮影：荻原二郎

新玉川線の新駅の建設が進む二子玉川周辺の空撮写真である。下（南）側には
多摩川の流れがあり、二子橋が架けられている。この当時、東急の田園都市線
（旧・溝ノ口線）は、二子橋が架かる玉川通りの上を走り、溝ノ口（現・溝の口）
方面に向かっていた。この後、田園都市線の溝の口〜長津田間の開業に伴い、
新しい高架駅と多摩川橋梁を使用することとなる。
◎1966（昭和41）年　撮影：朝日新聞社

田園都市線の二子玉川園〜二子新地前間では、溝ノ口線を名乗っていた時代から、人や自動車などが渡る、二子橋の上の併用軌道（単線）を利用していた。1966（昭和41）年4月、溝の口〜長津田間の延伸開業に合わせて、多摩川を渡る田園都市線専用の橋梁が建設されることになり、そのニュースを知らせるポスターが作られた。◎1965（昭和40）年10月9日　撮影：荻原二郎

自動車やバスを利用して、田園都市線の延長線着工の起工式にやってきた人々が見える。田園都市線の延伸前であり、このあたりの鉄道最寄り駅を示す方向板には、大井町線の溝の口駅まで４キロ、南武線・小田急線の登戸駅まで５キロなどと示されたほか、渋谷、横浜、長津田方面までの距離も示されている。◎鷺沼付近　1963（昭和38）年10月11日　撮影：荻原二郎

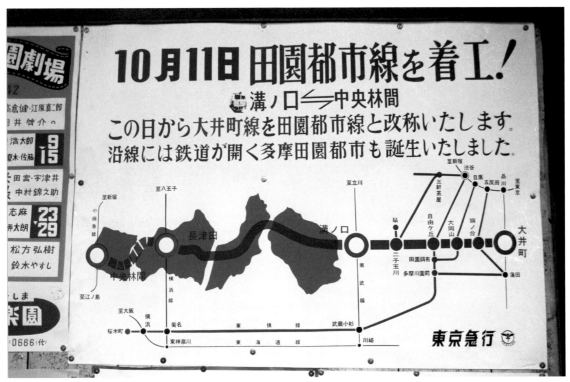

1963（昭和38）年10月11日、東急が田園都市線を建設することになったニュースを知らせるポスターである。このとき、大井町〜二子玉川園〜溝ノ口間の大井町線は、田園都市線を名乗ることとなり、溝ノ口〜長津田〜中央林間間の工事が開始されることとなる。長津田への延伸実現は、1966（昭和41）年４月である。
◎1963（昭和38）年10月9日　撮影：荻原二郎

長津田延伸前の田園都市線（大井町線）にあった頃の二子新地前駅は、上下線に分かれて地上駅舎が存在していた。1966（昭和41）年までは、多摩川を渡る二子橋の線路は併用軌道の単線であり、この駅の構内で相対式ホームに入る形だった。1977（昭和52）年12月に「二子新地」に駅名を改称し、現在は相対式ホーム2面4線（うち2線は通過線）を有する高架駅となっている。
◎1965（昭和40）年11月27日　撮影：荻原二郎

「ゆたんぽ」の愛称があったステンレスカー5200系の大井町行が二子新地前に停車中。周囲の家々には武蔵野の面影が残っている。二子新地前は1966（昭和41）年3月に二子橋（鉄道橋）完成と同時に高架化された。
◎二子新地前　1965（昭和40）年4月22日　撮影：荻原二郎

1977（昭和52）年3月、高架化される前の高津駅の地上駅舎で、この頃にはホーム間を結ぶ構内踏切が存在した。この高津駅は1927（昭和2）年7月、玉川電気鉄道（玉電）溝ノ口線の駅として開業。当時は橘樹郡高津村で、その後に高津町を経て、1937（昭和12）年に川崎市に編入され、現在は高津区が成立している。◎1961（昭和36）年11月5日　撮影：荻原二郎

大井町線時代の溝ノ口駅は、同線の終着駅であり、頭端式1面2線のホームの構造をもっていた。国鉄（現・JR）南武線の武蔵溝ノ口駅との間は、約100メートル歩く距離があり、その間には戦後の闇市から発展したマーケットが賑いを見せていた。現在の駅は高架化されて、島式2面4線のホームをもつ高架駅に変わっている。
◎1961（昭和36）年11月5日　撮影：荻原二郎

高架線を支えるコンクリートの柱が並び立ち、資材を運ぶトラックが見えて、大きな重機が作業を行っている溝ノ口駅付近の工事風景で、右奥の地上ホームには電車を待つ多くの人々の姿がある。溝ノ口駅の高架化が完成するのは1966（昭和41）年1月、長津田駅までの延伸が果たされるのは同年4月である。◎1964（昭和39）年6月27日　撮影：荻原二郎

簡素な仮駅舎、地上ホームの上には、巨大なコンクリートの柱に支えらえた高架線ホームが姿を見せている。一方、その前には、渋谷、三軒茶屋、川崎駅、元石川方面に結ぶ鉄道、バス・ルートを示した古い看板が、ペンキが剥げかけた状態で残っている。田園都市線の延伸と溝ノ口駅の高架化の工事は、まだ始まったばかりだった。
◎1964（昭和39）年4月24日　撮影：荻原二郎

この写真が撮影されたのは1965（昭和40）年8月で、地上駅から高架駅に変わることになる、溝ノ口駅の新駅舎の準備が整っ
てきている。しかし、駅前の整備事業などはこれからで、駅へ急ぐ人々の横には、むきだしのビルの骨組みが見え、道路の反対
側には作業で出た土砂、廃材などが積まれた状態で残っている。◎1965（昭和40）年8月25日　撮影：荻原二郎

前年（1963年）から田園都市線の延伸工事が始まっていた溝ノ口駅の駅前風景である。商店街にあったつばめホールは、看板が見えて健在だが、反対側の店舗は立ち退きとなって姿を消し、更地となって囲いが設けられている。改札口の横には、東急弘済会の新聞、雑誌を売るスタンドが設けられている。◎1964（昭和39）年6月27日　撮影：荻原二郎

高架化された溝ノ口駅。田園都市線溝の口〜長津田間開通時は相対式2面2線だったが、二子玉川〜溝の口間の複々線化（2009年7月）に伴い2面4線となった。旧型車3両で、先頭はデハ3450形の車体更新車である。長津田延長時に投入された3000系旧型車は車体更新車が中心だった。◎溝ノ口　1965（昭和40）年10月13日　撮影：荻原二郎

東急田園都市線は、左上に見える二子玉川駅から多摩川を渡り、二子新地駅、高津駅をへて、溝の口駅に至る。ここで、国鉄（現・JR）南武線の武蔵溝ノ口駅と連絡することとなる。東急駅は、田園都市線の延伸に合わせて既に高架化されていたが、国鉄駅は現在のような橋上駅舎ではなく、地上駅舎だった。また、駅のホームが上下線でずれていることがわかる。
◎1978（昭和53）年3月30日
撮影：朝日新聞社

地上駅時代の溝ノ口駅と折返しの大井町行。1965（昭和40）年に溝ノ口は高架化され1966年1月20日、全面完成に伴い溝の口と改称された。クハ3850形3856は1952（昭和27）年に登場したクハ（制御車）で後に車体が更新された。オレンジと濃紺の旧塗装である。◎溝ノ口　1961（昭和36）年11月5日　撮影：荻原二郎

1967（昭和42）年に登場した前面がダイヤモンドカットの7200系（先頭はクハ7500形）。7200系は最初に田園都市線に投入され2年後の1969年から東横線に投入された。地下鉄乗り入れを考慮しない1M方式、MT半々の編成である。
◎溝の口　1967（昭和42）年4月29日　撮影：荻原二郎

梶が谷、宮崎台駅はともに地上駅だが、田園都市線は梶が谷駅付近では高架上を走っている。この時期、どっしりとしたコンク
リートの柱の上に複線の線路ができており、高い骨組みの足場も見える。左手奥の高台には、すでに新しい住宅が建っている。
◎梶が谷　1965（昭和40）年３月20日　撮影：日暮昭彦

1966（昭和41）年４月、開業したばかりの頃の梶が谷駅の駅舎で、周辺の整備がまだまだ進んでいなかったことがわかる。駅の構造は、島式ホーム２面４線の地上駅で、ホーム上に軽量構造の駅舎が置かれていた。2008（平成20）年３月、駅南西の宮崎台駅方面に、大井町線の急行用車両を留置する梶が谷車庫が開設される。◎1966（昭和41）年４月16日　撮影：荻原二郎

現在は成熟した住宅地になっている宮崎台も田園都市線開通時はあたり一面が宅地造成中であった。先頭のデハ3450形は
1931（昭和6）～36（昭和11）年に目黒蒲田電鉄、東京横浜電鉄が投入したデハ510形で車体長17m、3ドア、ドア間に窓4個
の「関東型」を確立した。◎宮崎台　1961（昭和36）年4月18日　撮影：荻原二郎

現在は駅付近の高架下に、東急電鉄が運営する「電車とバスの博物館」が置かれている宮崎台駅。1983（昭和58）年に大規模改良工事が行われるまでは、高架下の自由通路に面して駅本屋がある、このようなシンプルな構造だった。駅の開業は、1966（昭和41）年4月の田園都市線の溝の口～長津田間の延伸時である。◎1966（昭和41）年4月18日　撮影：荻原二郎

田園都市線の延伸工事は、当然のことながら東急建設が施工を担当していた。そのことを示す「安全第一」の周知看板で、ここでは宮崎橋梁の新設工事が行われていた。宮崎台駅が建設されたのは川崎市宮前区宮崎2丁目で、かつてこのあたりは「宮前（みやざき）村」だった。◎宮崎台　1965（昭和40）年3月20日　撮影：日暮昭彦

尻手黒川道路に向かって開かれている宮前平駅の駅舎。開業は1966（昭和41）年4月で、駅の構造は相対式ホーム2面2線をもつ高架駅である。「宮前」の駅名は、このあたりにあった橘樹郡宮前村に由来しており、宮前村は1938（昭和13）年に川崎市に編入されている。1982（昭和57）年には、高津区からの分区で宮前区が成立した。
◎1966（昭和41）年4月20日　撮影：荻原二郎

発展途上だった頃（1979年）の宮前平駅付近の空撮写真
で、この頃は駅周辺の地価が住宅地において全国一の上
昇率を記録していた。右下に跨線橋が見える道路は川崎
市の幹線道路のひとつ、尻手黒川道路である。高架駅と
なっている宮前平駅の駅前に建つ「MIYAMAEDAIRA（宮
前平）PLATZ」は現在、みずほ銀行宮前平支店に変わっ
ている。
◎1979（昭和54）年４月１日　撮影：朝日新聞社

1964（昭和39）年10月に開催された東京オリンピックの後、東京近郊では住宅地開発の大きな波が押し寄せていた。これは翌年（1965年）、田園都市線の新駅建設が進んでいた鷺沼駅付近の工事風景である。鷺沼駅の建設に際しては、丘陵を切り崩して掘割式のホームを建設する作業が行われており、大規模な工事だった様子がうかがえる。
◎1965（昭和40）年4月30日　撮影：朝日新聞社

鷺沼駅は掘割構造の中に島式2面4線のホームがある地上駅で、ホームの上に道路が通っている。また、ホーム間は跨線橋で結ばれている。この時期、既に駅前広場があり、ロータリーを囲むようにバス停が置かれていた。現在は道路を挟んだ反対側に、三菱ＵＦＪ銀行、横浜銀行の鷺沼支店、ＪＡセレサ川崎鷺沼などが誕生している。
◎1966（昭和41）年4月10日　所蔵：荻原二郎

田園都市線の溝の口〜長津田間が延伸
する1年前（1966年）の3月、鷺沼〜た
まプラーザ間で行われていた工事風景
で、本格的な整備はまだこれからだっ
た。田園都市線は、この区間で東名高速
道路の下をくぐることになるが、東名高
速道路の東京〜厚木間が開業するのは
1968（昭和43）年4月になってからで
ある。
◎たまプラーザ付近
1965（昭和40）年3月26日
撮影：日暮昭彦

鷺沼駅付近の田園都市線、並走する道路が見え、立体交差工事が行われていた様子がうかがえる。道路には歩道が整備され、街路樹が植えられていることもわかる。田園都市線の延伸が実現して、鷺沼駅が開業するのは1966（昭和41）年4月である。
◎鷺沼付近
1965（昭和40）年3月26日
撮影：日暮昭彦

田園都市線開通を控え、鷺沼検車区に搬
入された7000系と旧形車クハ3770形。
田園都市線溝の口〜長津田間開通時、
旧型車3000系とステンレスカー 6000
系、7000系が投入された。検車区は
1979（昭和54）年に長津田に移転し、
1980年から帝都高速度交通営団（現・
東京メトロ）の鷺沼車両基地となった。
◎鷺沼　1966（昭和41）年2月11日
撮影：荻原二郎

1966（昭和41）年4月に開業した鷺沼駅は、ホームが掘割構造となっており、地上にある駅舎から改札をくぐって地下のホームに下りる構造である。開業当初は現在の正面口しかなく、2011（平成23）年3月に北口が開設された。この鷺沼駅に隣接する形で存在した鷺沼（ガーデン）プールは川崎市一の規模を誇っていたが、2002（平成14）年に廃止され、現在はカッパーク鷺沼に変わっている。
◎1966（昭和41）年5月10日
撮影：荻原二郎

たまプラーザ駅の開業は1966（昭和41）年4月で、相対式2面2線のホームの間を跨線橋が結んでいた。開業から2年余りたっ
たこの頃も、まだ駅周辺には空き地が残っており、周囲の開発が進むのはこの後である。駅誕生とほぼ同時に新設された「美
しが丘」の地名も当初は1〜3丁目だったが、1972（昭和47）年には4・5丁目が加わっている。
◎1968（昭和43）年12月30日　撮影：矢崎康雄

たまプラーザ駅の駅名は、「たま（多摩）」とスペイン語で広場を意味する「プラーザ」を合体させたもので、東急が開発を進めてきた「多摩田園都市」の広場（中心）としての役割が期待されていた。駅の所在地は横浜市青葉区美しが丘1丁目で、この地名は駅の北西に広がっている。このあたりの地名はもともと石川村であり、現在、駅の南東は青葉区新石川となっている。
◎1966（昭和41）年4月24日　撮影：山田虎雄

開通初日の運転されたデハ7046先頭の祝賀電車がたまプラーザに到着。地元の中学生が日の丸を振ってお出迎え。たまプラーザの「プラーザ」はスペイン語で広場の意味で多摩田園都市の中心として命名された「合成駅名」。山手線高輪ゲートウエイ（2020年3月開設）の「大先輩さきほどの3点の」でもある。◎たまプラーザ　1966（昭和41）年4月1日　撮影：荻原俊夫

多摩田園都市の核となるべく、たまプラーザ駅周辺でも開発工事は急ピッチで進められていた。1966（昭和41）年４月、たまプラーザ駅が置かれるのは横浜市港北区（当時）で、現在の青葉区美しが丘であるが、住宅地の整備はまだまだこれからだった。この写真では、道路に近い公園の外形はできているものの、周囲はまだ更地にもなっていない。
◎1966（昭和41）年３月　撮影：朝日新聞社

あざみ野駅は、田園都市線の溝の口〜長津田間が延伸してから10年以上がたった後、1977（昭和52）年５月に開業している。
駅の構造は相対式ホーム２面２線をもつ高架駅で、所在地は横浜市青葉区あざみ野２丁目である。その後、1993（平成５）年３
月、横浜市営地下鉄３号線（ブルーライン）の新横浜〜あざみ野間が開業して、連絡駅となった。
◎1977（昭和52）年５月　撮影：山田虎雄

江田駅は現在、2面4線の島式ホームをもつ高架駅だが、開業当時は築堤の上に築かれた相対式2面2線のホームを有していた。かつて、このあたりには大山街道（矢倉沢往還）の荏田宿が置かれ、繁栄していた場所である。その後、田園都市線の延伸・開業に合わせて、「多摩田園都市」の複合中心施設として、この駅前に高さ330メートルのペアシティ・タワーを建設する計画もあった。◎1966（昭和41）年4月24日　撮影：荻原二郎

起伏の多い多摩丘陵を南西に進む形で建設された田園都市線では、駅の予定地も平坦な場所はなかなか見つからなかった。この市が尾駅も、丘陵の斜面を切り崩して建設され、橋上駅舎の江田側は人口路盤になった。現在は、駅の北西に青葉区役所も置かれて、周辺は見違えるような変化を遂げている。◎市が尾付近　1965（昭和40）年3月31日　撮影：日暮昭彦

田園都市線（溝の口←→長津田

市 が 尾 駅

1966（昭和41）年４月に開業した当時の市が尾駅は、相対式ホーム２面２線をもつ地上駅だったが、1979（昭和54）年６月に橋上駅舎に変わり、東西自由通路が開設された。かつて「市郷」と呼ばれていたこの駅周辺には、市ヶ尾横穴古墳群、稲荷前古墳群など古代の古墳が多く残っている。近年は住宅地として発展し、桐蔭学院のキャンパスも誕生している。
◎1966（昭和41）年４月16日　撮影：荻原二郎

横浜市青葉区下谷本町は現在、東名高速道路の横浜青葉ジャンクションが置かれ、田園都市線の市が尾〜藤が丘間に南北に広がる地区であるが、かつてはさらに広く、藤が丘、梅が丘、千草台、市ヶ尾町などの一部も含まれていた。これは1965（昭和40）年当時の下谷本町付近の空撮写真で、丘陵地帯を切り開いて道路、住宅地が整備されていることがわかる。
◎1965（昭和40）年4月30日　撮影：朝日新聞社

市が尾〜藤が丘間の田園地帯を東急の3000系、4両編成の列車が走る。列車が走る付近の手前には「公認 旭自動車専門学校」の用地を示す看板が立てられている。その後、近くには東名高速道路の横浜青葉インターチェンジが誕生しており、現在は西側に青葉自動車学校が存在している。◎藤が丘付近　1966（昭和41）年4月2日　撮影：日暮昭彦

長津田延長時の田園都市線には7000系、6000系が旧型車3000系とともに投入されたが、昼間は鷺沼以遠が2両のため、2両単位の旧型車および7000系が使用された。開通時にステンレスカーが投入された理由は新型車によるイメージアップで、沿線分譲住宅の販売を促進するためだった。
◎藤が丘　1966（昭和41）年4月19日　撮影：荻原二郎

長津田延長時の田園都市線には7000系、6000系が旧型車3000系とともに投入されたが、昼間は鷺沼以遠が2両のため、2両単位の旧型車および7000系が使用された。開通時にステンレスカーが投入された理由は新型車によるイメージアップで、沿線分譲住宅の販売を促進するためだった。
◎藤が丘　1966（昭和41）年4月19日
撮影：荻原二郎

「藤が丘」の名称をもつ駅は、名古屋市名東区藤が丘に名古屋市営地下鉄・愛知高速交通の駅が存在する。開業は、田園都市線の藤が丘駅の方が3年早い1966（昭和41）年4月である。写真に見える北口駅前の噴水は東京都出身の彫刻家、志水晴児による作品で、長く駅の利用者に親しまれてきた。東側には昭和大学藤が丘病院、西側には藤が丘公園が存在する。
◎1966（昭和41）年4月19日　撮影：荻原二郎

1966（昭和41）年4月1日に延伸・開通する直前の田園都市線、青葉台駅付近の空撮写真で、2両編成の列車は試運転の途中だろうか。青葉台駅は、相対式ホーム2面2線をもつ地上駅で、傾斜地にあるため、ホームの東（右）側は掘割式、西（左）側は高架式になっている。駅周囲の広場、道路はまだ未整備の状態で、一部の階段状の施設が見えるだけである。
◎1966（昭和41）年3月　撮影：朝日新聞社

降りしきる雨の中、多くの人が集まっている田園都市線の青葉台駅の駅前である。駅前広場や坂の上には、複数の祝賀ゲートが設置されており、周囲も多くの花輪で飾られている。このとき、都心に至る念願の鉄道路線、東急の田園都市線が長津田駅まで延伸したのである。◎青葉台　1966（昭和41）年４月１日　撮影：荻原俊夫

「藤が丘」という駅名には、富士信仰の名残を示す富士塚と藤の木という、地元への２つの思いが込められている。田園都市線の延伸・開業を前にして、藤が丘駅周辺では高架線の工事が急ピッチで進められていた。この田園都市線は、駅の東側で東名高速道路、西側で厚木街道（国道246号）の下をくぐることになる。◎藤が丘　1965（昭和40）年３月31日　撮影：日暮昭彦

1966（昭和41）年4月に延伸・開業した田園都市線の中でも、最も早く発展したのがこの青葉台駅とその周辺である。この写真でも噴水などが整備された駅前風景が見られる。しかし、古くはこのあたりは都筑郡の恩田村、成合村があり、両村で秣場の土地争いをした歴史も。開業前の仮駅名も「成合」だった。現在は横浜市青葉区青葉台1丁目に駅が存在する。
◎1966（昭和41）年4月10日　撮影：荻原二郎

1990（平成2）～1992（平成4）年にかけて、駅舎が改築されて、駅しいビル、バスターミナルが誕生する前の青葉台駅付近の風景である。駅前にある横浜銀行青葉台支店は現在、青葉台YSビル（青葉台東急スクエア）の中に入っている。その向かい側には東急不動産青葉台営業所、サービスセンター、ニッポンレンタカーの駐車場が見える。

この青葉台駅には、駅の両側に広場が設けられて、その名の通り、「緑（青葉）」豊かなイメージが演出されていた。「青葉台」の駅名は、田園都市のコンセプトである自然と人間の調和をイメージしたもので、もともとの地名は「恩田」「成合」だった。この駅などのイメージから、港北区と緑区が再編される際に「青葉区」が誕生している。◎撮影：山田虎雄

1965（昭和40）年３月、開業を１年後に控えた田奈駅付近の風景である。相対式２面２線の高架ホーム、駅舎の階段部分が既に姿を見せている。横浜市青葉区田奈町に置かれている田奈駅の周辺では、現在もまだ多くの農地が残っている。その後、駅前には東急ストア田奈店が誕生する。
◎田奈　1965（昭和40）年３月31日　撮影：日暮昭彦

この田奈駅は、1966（昭和41）年４月の開業時から高架駅となっていた。「田奈」の駅名は、このあたりに広がっていた田奈村に由来しており、1889（明治22）年に都築郡にあった恩田村、奈良村、長津田村が合併して、田奈村が成立した。その後、1939（昭和14）年に横浜市に編入され、港北区の一部となった。現在は青葉区田奈町に駅が存在する。
◎1966（昭和41）年４月１日　撮影：荻原二郎

田園都市線が延伸・開業した頃の長津田駅周辺には、まだ美しい田園風景が残っていた。開業当時は横浜市港北区だったが、1969（昭和44）年に緑区になる。また、東急の駅も開業したものの、当初のホームは1面1線の構造で、横浜線との連絡跨線橋の工事は遅れていた。田園都市線のホームが2面4線となり、こどもの国線のホームが分離されるのは1977（昭和52）年3月である。
◎1966（昭和41）年4月10日
撮影：荻原二郎

1963（昭和38）年の長津田駅付近の風景で、この頃は国鉄（現・JR）横浜線の長津田駅しか存在しなかった。この横浜線の駅は1908（明治41）年9月、横浜鉄道の駅として開業。1917（大正6）年10月に国有化されている。戦前には駅周辺に軍事施設が多く存在したこともあり、物資輸送のための専用線が存在していた。
◎1963（昭和38）年11月12日
撮影：荻原二郎

東急の長津田駅は、1966（昭和41）年4月に田園都市線の延伸に伴い、新らたに開業した。それ以前から、ここには国鉄の横浜線の駅が存在しており、古くは大山街道（現・国道246号）の宿場町で、明治以降は八王子に集められた絹糸を横浜に運ぶための中継地として発展した。田園都市線の開通後は、東急などが住宅地を開発し、東京、横浜のベッドタウンとして人口も増加してゆく。◎1966（昭和41）年4月1日　撮影：荻原二郎

1966（昭和41）年4月、田園都市線が延伸、開業した長津田駅のホームで、工事の遅れから東急線のホームは1面1線の状態だった。ホームに停車しているのは、大井町〜長津田間を結ぶ列車。この3000系（初代）は、戦前の目黒蒲田電鉄、東京横浜電鉄時代から活躍してきた古参車両である。
◎長津田　1966（昭和41）年4月1日
撮影：荻原二郎

開業初日、長津田に到着するデハ7044先頭の7000系4両編成。写真の右は横浜線ホーム。当時の横浜線は単線で朝夕15〜20分間隔、昼間25分間隔のローカル線だった。長津田構内は戦時中に田奈弾薬庫への軍用引込線（後のこどもの国線）があったため貨物側線があり構内が広かった。◎長津田　1966（昭和41）年4月1日　撮影：荻原俊夫

こどもの国駅には、2000（平成12）年3月に現在の駅舎が誕生する。これは改築前の駅前と駐車場付近で、遊園地のあるローカル線の終着駅の雰囲気を漂わせていた。こどもの国線は1941（昭和16）年に弾薬庫線として誕生し、戦後の1967（昭和42）年4月にこどもの国線となった。2000年に、東急により通勤路線化されて現在に至っている。◎撮影：山田虎雄

こどもの国牧場

メタリックな「TSUKUSHINO　SQUARE」（つくし野スクエア）のモニュメントが見える、田園都市線のつくし野駅の駅前風景である。駅舎の壁面には優美な壁画が描かれており、この駅前はアーティスティックな雰囲気を漂わせている。この駅周辺では、人気テレビドラマ「金曜日の妻たちへ（金妻）」シリーズのロケが行われたこともある。◎撮影：山田虎雄

長津田〜つくし野間の開通を記念した巨大なモニュメント
（塔）が見える、つくし野駅の駅前風景。この後、モニュメン
トは新しいものに変えられる。
◎1968（昭和43）年4月　撮影：山田虎雄

1968（昭和43）年４月の開業以来、10数年が経過した頃（1984年）のつくし野駅周辺の空撮写真で、駅周辺には多数の戸建て住宅が誕生している。目立つマンション、商業施設はなく、駅前に横浜銀行つくし野支店、東急ストアが見えるくらいだが、1978（昭和53）年には、東京・高輪にあった森村学園がキャンパス（長津田校舎）を移転してきた。
◎1984（昭和59）年３月29日　撮影：朝日新聞社

田園都市線のすずかけ台駅が開業した翌年（1973年）の駅付近の空撮写真で、この頃は終着駅であり、棒線ホーム1面1線の地上駅だった。1976（昭和51年）10月、つきみ野駅までの延伸に際して、相対式ホーム2面2線の構造に変わっている。この駅は東京都町田市南つくし野3丁目にあるが、駅のすぐ東側は横浜市緑区になっている。
◎1973（昭和48）年12月5日　撮影：朝日新聞社

相対式ホーム2面2線の構造になっている、田園都市線の
すずかけ台駅の横（南東）を、厚木街道（国道246号）が走っ
ている。その先、左側に見えるのは東京工業大学のすずか
け台キャンパスで、このあたりには現在も豊かな緑の自然
が残っている。さらに左上隅には、東名高速道路が通って
おり、南側には東京町田インターチェンジが存在する。
©1984（昭和59）年5月11日　撮影：朝日新聞社

1966（昭和41）年4月1日に田園都市線溝ノ口〜長津田開業してからちょうど2年後、長津田の次の駅のつくし野が開業した。
3450形もまだまだ元気だった。この区間は当初単線で、隣にはまだ線路が敷かれていない。このころそれまでの二色塗装か
ら経費節減のため緑一色に変更が行われていた。旧型車にこの単色緑の評判はあまりよくなかった。
◎つくし野　1968（昭和43）年4月　撮影：山田虎雄

南町田駅のホームを出て、大井町駅に向かう8500系、2両編成の列車である。この8500系は、従来の8000系を改良したもの
で、1975（昭和50）年から1991（平成３）年にかけて400両が製造されて、東急線、営団地下鉄（現・東京メトロ）半蔵門線、東
武線を走った後、地方私鉄やインドネシアで活躍した。◎南町田　撮影：山田虎雄

現在の駅名（南町田グランベリーパーク）に変わる前、南町田駅時代のホームで、駅名表示板が見える。この当時は南口だけが
存在し、2001（平成13）年８月に北口が開設された。その後、2019（令和元）年６月に大規模な駅改良工事が行われて、中央改
札のある新駅舎が竣工し、10月に駅名を改称している。◎1976（昭和51）年10月　撮影：山田虎雄

1976（昭和51）年10月、田園都市線のつきみ野延伸時に開業した南町田駅で、現在は南町田グランベリーパーク駅に改称している。駅の東側で交差している国道16号（東京環状）は、東名高速道路の東京町田インターチェンジに続いている。東京都で最南部に位置する駅であり、ここから東京、横浜方面に通勤・通学する人々のためのベッドタウンが形成されている。
◎1984（昭和59）年5月11日　撮影：朝日新聞社

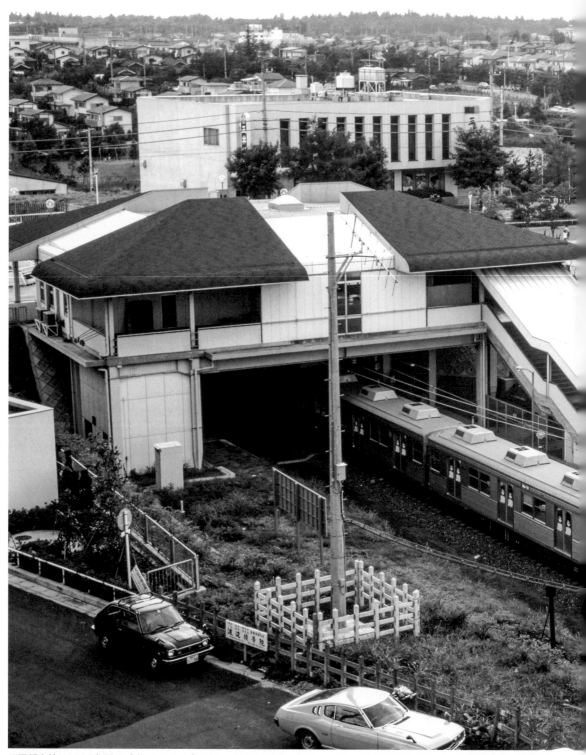

田園都市線は1976（昭和51）年10月、すずかけ台〜つきみ野間が延伸し、このつきみ野駅が開業した。駅の構造は、相対式ホーム2面2線をもつ地上駅で、橋上駅舎から掘割にあるホームに下りる形になっている。西側に置かれた駅舎の前は、人口基盤の広場、道路になっており、奥に見えるのは現・三井住友銀行つきみ野支店である。
◎1979（昭和54）年9月1日　撮影：安田就視

上（西）側に関東の名門ゴルフ場、相模カンツリー倶楽部が広がる中央林間駅付近の空撮写真である。下側に見える中央林間駅は、小田急江ノ島線の駅が置かれていたが、撮影直後の1984（昭和59）年4月に東急田園都市線の延伸により、連絡駅となる。駅付近からゴルフ場に延びる広い道路の右側には、茶室と書院がある緑豊かな多胡記念公園が存在する。
◎1984（昭和59）年3月29日　撮影：朝日新聞社

【著者プロフィール】

山田 亮（やまだ あきら）

1953（昭和28）年生まれ、慶應義塾大学鉄道研究会ＯＢ、慶應鉄研三田会会員、元地方公務員、鉄道研究家として鉄道と社会とのかかわりに強い関心を持つ。

昭和56年、「日中鉄道友好訪中団」（竹島紀元団長）に参加し北京および中国東北地方（旧満州）を訪問、平成13年、三岐鉄道（三重県）創立70周年記念コンクール訪問記部門で最優秀賞を受賞（この作品は月刊鉄道ジャーナルに掲載）、現在は月刊鉄道ピクトリアル（電気車研究会）などに鉄道史や列車運転史の研究成果を発表。著書に『相模鉄道、街と駅の一世紀』（2014、彩流社）、『上野発の夜行列車・名列車、駅と列車のものがたり』（2015、JTBパブリッシング）、『JR中央線・青梅線・五日市線各駅停車』（2016、洋泉社）、『南武線、鶴見線、青梅線、五日市線。1950～80年代の記録』（2017、アルファベータブックス）がある。

生田 誠（いくた まこと）

1957年、京都市東山区生まれ。実家は三代続いた京料理店。副業として切手商を営んでいた父の影響を受け、小さい頃より切手、切符、展覧会チケットなどの収集を行う。京都市立堀川高校を卒業して上京し、東京大学文学部美術史専修課程で西洋美術史を学んだ。産経新聞文化部記者を早期退職し、現在は絵葉書・地域史研究家として執筆活動などを行っている。著書は「ロスト・モダン・トウキョウ」（集英社）、「モダンガール大図鑑　大正・昭和のおしゃれ女子」（河出書房新社）、「2005日本絵葉書カタログ」（里文出版）、「日本の美術絵はがき　1900-1935」（淡交社）、「東京古地図散歩【山手線】」（フォト・パブリッシング）ほか多数。

【写真撮影】

井口悦男、小川峯生、荻原二郎、荻原俊夫、竹中泰彦、
田尻弘行、日暮昭彦、矢崎康雄、安田就視、山田虎雄
朝日新聞社

【絵葉書提供】

生田 誠

1966（昭和41）年４月、長津田駅の構内に掲出された列車時刻表で、この当時は１時間に４本程度の列車が上下線で運転されていた。長津田延伸当時、田園都市線の列車は通常４両編成だが、日中は鷺沼駅で分割・併結作業が行われており、長津田駅を発着する時点では２両編成だった。
◎1966（昭和41）年４月２日　撮影：日暮昭彦

東急田園都市線が開業した時代の各駅記録

発行日 ………………2021年６月１日　第1刷　　※定価はカバーに表示してあります。

著者 ………………… 山田 亮、生田 誠
発行人 ……………… 高山和彦
発行所 ……………… 株式会社フォト・パブリッシング
　　　　　　　　　　〒161-0032　東京都新宿区中落合2-12-26
　　　　　　　　　　TEL.03-6914-0121 FAX.03-5955-8101
発売元 ……………… 株式会社メディアパル（共同出版者・流通責任者）
　　　　　　　　　　〒162-8710　東京都新宿区東五軒町6-24
　　　　　　　　　　TEL.03-5261-1171 FAX.03-3235-4645
デザイン・DTP ……… 柏倉栄治（装丁・本文とも）
印刷所 ……………… 新星社西川印刷株式会社

ISBN978-4-8021-3252-7 C0026